Lösungen zu den Fragen der Lese-Rallyes
findest du auf Seite 32.

Das Nachwort für Eltern schließt sich hieran an.

Bibliografische Information der Deutschen Nationalbibliothek
Die Deutsche Nationalbibliothek verzeichnet diese Publikation in der Deutschen Nationalbibliografie; detaillierte bibliografische Daten sind im Internet über http://dnb.d-nb.de abrufbar.

Dieses Werk folgt der neuesten Rechtschreibung und Zeichensetzung.

Auflage 3 2 1 | 2011 2010 2009
Die letzten Zahlen bezeichnen jeweils die Auflage und das Jahr des letzten Druckes.

www.diekleinenlesedrachen.de
Gruner + Jahr AG & Co KG, Hamburg
GEOlino ist eine Marke der Gruner + Jahr AG & Co KG
Teamleiterin Lernhilfen Grundschule: Susanne Schulz
Konzeption und Redaktion: Salomé Dick, Berlin
Umschlaggestaltung und Layout: Sabine Krohberger Grafikdesign, München
Umschlagillustration: Wolfgang Slawski, Kiel
Leitfiguren Drachen: Thomas Thiemeyer, Stuttgart
Satz: Noch & Noch GbR, Balve
Druck: G. Canale & C. S.p.A., Turin
Printed in Italy
ISBN 978-3-12-949015-0

DIE KLEINEN LESEDRACHEN

Detektiv Leon stellt eine Falle

Bernhard Hagemann
mit Bildern von Wolfgang Slawski

2. Schuljahr

Klett Lerntraining

Wo ist der Anstecker?

Leons Haus bekommt endlich
Kabelanschluss für den Fernseher.
Die Bauarbeiter schaufeln
mit einem Bagger einen Graben,
in den das Kabel gelegt wird.
Sie graben auf der Straße,
aber auch im Garten.
Leon stellt sich vor,
dass sie nach einem Schatz graben.
Er liebt es, Geheimnissen und
Rätseln auf die Spur zu kommen.

Leon ist nämlich ein Detektiv.
Aber seine Freunde Lotte, Jonas und
Daniel finden das langweilig.
„Spielen wir Verstecken!“,
schlägt Lotte vor.
Daniel zeigt den anderen
noch seinen neuen Anstecker
vom Fußball-Club.
Er legt ihn auf den Gartentisch.

Leon sucht als Erster.
Er zählt langsam bis dreißig.

Die anderen verstecken sich
im Garten.
„Ich komme!“, ruft Leon
und dreht sich um.
Die Bauarbeiter grinsen und
schauen auffällig in eine Richtung.
Sie wollen Leon helfen,
aber das brauchen sie nicht.
Daniel findet er hinter dem Busch,
Lotte hinter dem Holzschuppen.
Und Jonas ist hinter der Birke.

Dann tauschen sie.
Erst sucht Jonas, dann sucht Lotte
und zum Schluss Daniel.
Plötzlich streiten Daniel und Jonas.
„Du hast beim Zählen geschummelt!“,
schimpft Jonas.
„Hab ich nicht!“, behauptet Daniel.
„Ich hab keine Lust mehr!“, sagt Jonas.
„Ich geh nach Hause.“
Auch Lotte geht nach Hause.

Leon und Daniel schauen wieder
den Bauarbeitern zu.
Da kommt Leons Mutter
mit Limonade auf die Terrasse.
„Erfrischung!“, ruft sie.
Sie stellt die Gläser
auf den Terrassentisch.
„Wo sind denn Lotte und Jonas?“,
fragt sie.
„Schon nach Hause“, sagt Leon.

Plötzlich starrt Daniel auf den Tisch.
„Wo ist mein Anstecker?“, fragt er.
„Den hast du doch
auf den Tisch gelegt“, sagt Leon.
„Aber da ist er nicht mehr!“,
ruft Daniel aufgeregt
und schaut unter den Tisch.
Doch da ist er auch nicht.

Lese-Rallye: Teil 1

Start

1 Wie heißt Leons Freundin?

- [ ] Lisa
- [x] Lotte
- [ ] Lotta

2 Was ist verschwunden?

- [ ] die Goldkette von Lotte
- [ ] die Brosche von Leons Mutter
- [x] der Anstecker von Daniel

Warum streiten sich Jonas und Daniel?

- [x] weil Daniel geschummelt hat
- [ ] weil Jonas geschummelt hat
- [ ] weil Daniel nur bis zehn gezählt hat

3

Womit graben
die Bauarbeiter?

- [ ] mit einer Gabel
- [ ] mit einer Grabschaufel
- [x] mit einem Bagger

Daniel hat einen Verdacht

Leon will diesen Fall
unbedingt lösen.
Vielleicht findet er ja
bei den Arbeitern eine Spur.
Aber die Bauarbeiter
haben den Anstecker nicht gesehen.
Schnell hat Daniel
einen Verdacht.
„Der Jonas hat den Anstecker!“,
sagt er mit energischer Stimme.

„Der hat ihn geklaut.
Weil wir uns gestritten haben!“
„Das glaub ich nicht“, sagt Leon.

Da kommt seine Mutter
wieder auf die Terrasse.
Sie bemerkt Daniels Ärger.
„Was ist los?“, fragt sie.
„Jonas hat den Anstecker geklaut!“,
sagt Daniel.
„Welchen Anstecker?“,
fragt Leons Mutter.

„Meinen Anstecker vom Fußball-Club.
Der lag da auf dem Tisch“,
sagt Daniel.
„So ein rundes, kleines Ding?“,
fragt Leons Mutter.
„Das habe ich gesehen!“
„Wann war das?“, will Leon wissen.
„Vorhin, als ich die Limonade
gebracht habe!“, antwortet sie.
„Moment mal!“, sagt Leon
und schnippt mit den Fingern.

„Als Mama die Limonade gebracht hat,
da waren Lotte und Jonas schon weg!
Dann kann es Jonas
gar nicht gewesen sein.“
„Stimmt“, sagt Daniel.
„Aber wo ist der Anstecker dann?
Vielleicht haben ihn doch
die Bauarbeiter?“

Lese-Rallye: Teil 2

Wen verdächtigt Daniel?

- ☐ Jonas
- ☐ Leons Mutter
- ☐ Leon

1

2

Daniel ist:

- ☐ Handball-Fan
- ☐ Basketball-Fan
- ☐ Fußball-Fan

Warum verdächtigt Daniel seinen Freund?

☐ weil Lotte und Jonas schon weg waren

☐ weil sie sich gestritten haben

☐ weil Jonas den Anstecker toll fand

3

Welche Getränke bringt Leons Mutter?

☐ Hühnerbrühe

☐ Regenwasser

☐ Limonade

Leons genialer Plan

Leon will herausfinden,
ob die Bauarbeiter
den Anstecker genommen haben.
Dafür braucht er Beweise.
Die Arbeiter sind jetzt
bei Daniel im Garten.
Jonas und Daniel
haben sich wieder vertragen.
Alle spielen nun bei Daniel weiter.
Das gehört zu Leons Plan.

Er bittet Lotte,
ihm ihren Ring zu geben.
Das ist der Köder, mit dem er
dem Dieb eine Falle stellen will.

Leon winkt den Bauarbeitern zu
und legt den Ring auffällig
in die Mitte des Gartentisches.
Wenn einer der Arbeiter ihn stiehlt,
haben sie bestimmt auch den Dieb
von Daniels Anstecker.

Der Ring glitzert in der Sonne
und ist nicht zu übersehen.
Lotte, Daniel, Leon und Jonas
beginnen mit dem Versteckspiel.
Aber sie spielen nicht richtig.
Sie behalten die Terrasse und
die Bauarbeiter immer im Auge.

Dann machen die Bauarbeiter
eine Pause.
Sie gehen auf die Terrasse
und setzen sich an den Tisch.
Sie packen ihre Brote aus.

Die Arbeiter bemerken den Ring.
Einer nimmt ihn sogar in die Hand.
Aber als die Bauarbeiter gehen,
liegt der Ring wieder auf dem Tisch.
„Ich glaube, die haben
Daniels Anstecker nicht geklaut“,
flüstert Leon.
„Sieht so aus“, sagt Lotte.
„Sie haben den Ring liegen gelassen“,
sagt Jonas.

Daniel ist enttäuscht.
Er hatte sich schon darauf gefreut,
den Dieb überführen zu können.
„Mach dir keine Sorgen", sagt Leon.
„Wir finden den Anstecker.
Schließlich bin ich ein Detektiv."

Sie gehen gemeinsam zu Leon,
um dort noch zu spielen.

Lese-Rallye: Teil 3

1

Was gibt Lotte Leon?

☐ ihre Uhr
☐ ihre Kette
☒ ihren Ring

2

Welchen Plan hat Leon?

☐ Er will Daniel den Ring schenken.
☒ Er will den Ring als Köder auslegen.
☐ Er will den Ring behalten.

Warum spielen die Kinder nicht richtig Verstecken?

- [ ] weil sie keine Lust mehr haben
- [ ] weil sich Daniel und Jonas streiten
- [x] weil sie den Dieb überführen wollen

3

Was sagt Leon zu Daniel?

- [ ] Schließlich bin ich ein Dieb.
- [ ] Schließlich bin ich ein Depp.
- [x] Schließlich bin ich ein Detektiv.

Der Dieb geht in die Falle

Als sie in Leons Garten ankommen, fliegt eine Elster mit einem Bonbon in glitzerndem Papier davon.
„Habt ihr das gesehen?“, ruft Leon.
„Die Elster hat ein Bonbon geklaut.“
„Ganz schön frech!“, sagt Lotte.
„Fressen Elstern Bonbons?“, fragt Jonas ungläubig.

„Papa hat gesagt, dass Elstern gerne
funkelnde Sachen stehlen“,
sagt Leon.
„Meinst du, die Elster
hat Daniels Anstecker?“, fragt Lotte.
„Keine schlechte Idee!“, sagt Leon.
„Gib mir noch mal den Ring.“
Lotte gibt Leon den Ring.
Er legt den Ring auf den Tisch.
„Aber wenn die Elster den Ring holt,
dann ist er weg“, sagt Lotte.
„Lotte hat recht“, überlegt Leon.

Leon saust ins Haus und
kommt mit Bindfaden wieder.
Das eine Ende des Fadens
bindet er um den Ring.
Die Spule, auf die der Faden
gewickelt ist, behält er in der Hand.
„Tolle Idee!“, ruft Jonas.
„So geht der Ring nicht verloren.“
„Das ist eine Falle für die Elster!“,
sagt Leon.
Sie verstecken sich und warten.

Sie warten ziemlich lange.
Dann landet plötzlich die Elster
auf dem Gartentisch.
Schnell schnappt sie den Ring
und fliegt mit ihm auf den Baum.
In Leons Händen wickelt sich
der Faden blitzschnell von der Spule.
Plötzlich ist die Spule leer
und der Faden spannt sich.
Es gibt einen Ruck und die Elster
verliert den Ring aus dem Schnabel.

Leon, Lotte, Jonas und Daniel
rennen zum Baum
und suchen den Ring.
Da blitzt aber nicht nur
der Ring im Gras.
„Daniels Anstecker!“, ruft Lotte
und bückt sich.
„Zeig her!“, ruft Daniel.
„Also doch die Elster!“,
staunt Jonas.

Daniel kann kaum glauben,
dass es die Elster war.
„Zuerst habe ich dich verdächtigt“,
gesteht er jetzt Jonas.
„Weil wir uns gestritten haben.“
„Ich bin doch keine Elster!“,
sagt Jonas und lacht.
„Zum Glück hat unsere Spürnase
den Fall wie Sherlock Holmes
gelöst“, sagt Lotte.

Lese-Rallye: Teil 4

Welcher Vogel fliegt davon?

- [ ] eine Amsel
- [ ] ein Spatz
- [x] eine Elster

1

2

Wie sichert Leon den Ring?

- [ ] Er klebt ihn fest.
- [x] Er bindet ihn fest.
- [ ] Er nagelt ihn fest.

Was passiert mit dem Ring?

- [x] Die Elster verliert ihn.
- [ ] Die Elster verschluckt ihn.
- [ ] Die Elster vergisst ihn.

Wie bezeichnet Lotte Leon?

- [ ] Sprühnase
- [ ] Spülnase
- [x] Spürnase

Lösungen

Lese-Rallye: Teil 1

1. Lotte
2. der Anstecker von Daniel
3. weil Daniel geschummelt hat

mit einem Bagger

Lese-Rallye: Teil 2

1. Jonas
2. Fußball-Fan
3. weil sie sich gestritten haben

Limonade

Lese-Rallye: Teil 3

1. ihren Ring
2. Er will den Ring als Köder auslegen.
3. weil sie den Dieb überführen wollen

Schließlich bin ich ein Detektiv.

Lese-Rallye: Teil 4

1. eine Elster
2. Er bindet ihn fest.
3. Die Elster verliert ihn.

Spürnase

brauchbar, wenn ihr die Rillen deutlich erkennt.

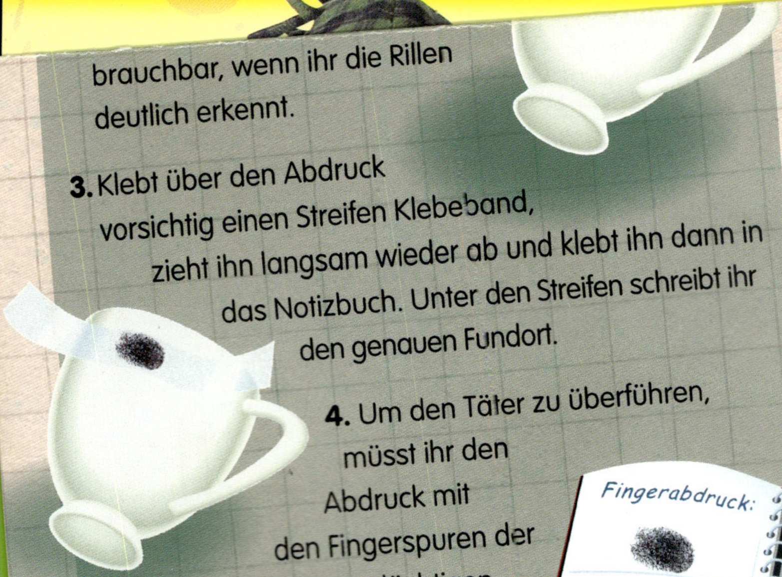

3. Klebt über den Abdruck vorsichtig einen Streifen Klebeband, zieht ihn langsam wieder ab und klebt ihn dann in das Notizbuch. Unter den Streifen schreibt ihr den genauen Fundort.

4. Um den Täter zu überführen, müsst ihr den Abdruck mit den Fingerspuren der möglichen Verdächtigen vergleichen. Nehmt dafür von jedem mit einem Stempelkissen einen Abdruck. Am besten zu erkennen sind die Linienmuster übrigens durch eine Lupe.

2. Rührt den Gips in einer Schale mit Wasser an. Ist der Gips etwas flüssiger als Kartoffelbrei, kann es losgehen: Gießt die Spur aus und wartet, bis der Gips trocken ist. Hebt den Abdruck vorsichtig ab und säubert ihn mit Wasser.

3. Vergleicht den Abdruck mit den Schuhen der Verdächtigen. Erkennt ihr das Profil? Mit viel Glück klebt an den Schuhen des Täters noch Sand, der mit der Erde am Tatort übereinstimmt. Übrigens: Ihr müsst nicht auf den nächsten Einbrecher warten, um diese Technik zu testen. Die funktioniert auch prima bei Tierspuren.

Bildnachweis:
Innenseite: mauritius images: l.o.; Matthias Stolt: r. o.; bridgemanart.com: m.; shutterstock: u.
Außenseite: Matthias Stolt: l. o.; Siegmar Münk: Illustrationen

Impressum:
Gruner+Jahr AG & Co KG, Druck- und Verlagshaus,
Am Baumwall 11, 20459 Hamburg
Chefredakteur: Martin Verg
Art Director: Klaus Lingenauber
Textredaktion: Heiko Kammerhoff
Bildredaktion: Eva Pradel
Layout: Henriette Jakubik
Schlussredaktion: Jan Pust